AF175053

DEVENIR POESÍA
Número 336
Colección dirigida por Juan Pastor

SERGIO RODRÍGUEZ JIMÉNEZ

LA CATEDRAL DEL MUNDO

POESÍA

Devenir

Madrid, 2024

Primera edición, julio de 2024

Diseño: José Ramón Ballesteros de Diego

Fundación Devenir. Poesía y Ensayo
Apartado de correos número 5
28991 Torrejón de la Calzada (Madrid)
Teléfono: 918 169 210
Dirección de correo electrónico: pastorj@telefonica.net
Página web: www.devenir.es

ISBN: 978-84-18993-35-0
DEPÓSITO LEGAL: M-16281-2024

Impreso en Imprenta Kadmos
Salamanca
IMPRESO EN ESPAÑA - PRINTED IN SPAIN

I
CONFESIÓN

Yo no me llamo Sergio.

No nací en Madrid, no estudié Derecho.

No tengo un hermano que se llame Joaquín.

Nunca fui un joven aniñado, inconsciente o lleno de carencias.

No he pasado los últimos veinte años entrando y saliendo de la cárcel, entrando y saliendo del psiquiátrico. No he probado el sucio vinagre de la locura. Ni las celdas, los patios, las infinitas tardes sedadas, la esperanza quebrándose en cientos de suspiros sin sentido.

Mi vida no entró en un bucle donde cuanto más amaba más enfermo estaba.

Mi padre no ha fallecido dando a su hijo por perdido.

Os habéis equivocado de hombre.

Salid de mi casa.

II

Solo yo de verdad sé el crimen que he cometido.
El sol sigue saliendo casi cada mañana.
El mayor crimen siempre consiste en no saber.
Los pájaros también adolecen de ignorancia.
Yo todavía desconozco de qué me acusan.
Yo solo sé de estos paisajes abandonados:
los exiguos parajes ocres de mi conciencia.

III
SANDYMOUNT BEACH

Irlanda sostiene a la playa de Sandymount entre sus brazos. Fuma un gran habano de color blanco y rojo. Irlanda contempla el horizonte con los ojos perdidos, entre nubes abandonadas. Piensa en diagramas vacíos, en cielos imposibles. Lentamente empuña un cuchillo sin nombre y acaricia los aullidos de las gaviotas, el graznido de las olas en la distancia, el traqueteo del DART susurrando incertidumbres a lo lejos.

La playa de Sandymount es todavía muy joven. Ignora lo que ocurre. Siente un carámbano de luz en su mejilla. Sonríe cándidamente con amaneceres casi infantiles. No sabe lo que le espera a los que no esperan nada. Observa con expectación la mirada desquiciada de su madre, mientras el mal baila alrededor de los excéntricos dibujos de la arena.

La playa de Sandymount tiene desde entonces una cicatriz en medio de la cara. Deambula por la vida envuelta entre desesperadas incógnitas. A menudo consigue olvidar su pesadilla. Los turistas no se atreven a acercarse.

IV

A mí en la vida me ha ocurrido algo
que no le deseo a nadie:
mis deseos se han hecho realidad.

Nunca he debido trasladarme a Irlanda
para trabajar
allí, en un hotel,
cuando tenía veintiocho años.

Nunca he debido enamorarme de una mujer
y que ella se acabara enamorando de mí.

Nunca debimos perpetrar una relación
carente, como los ocasos que pueden verse
desde el barrio de Ballsbridge, en Dublín.

No.

Nunca debió ocurrir.

En el barrio de Ballsbridge, en Dublín.
La luna se masturba
                    mansamente
mientras las calles siempre llevan al mismo sitio

y el amor va pidiendo limosna
                              mansamente
a cicatrices que se orinan
                        por las esquinas
en el barrio de Ballsbridge, en Dublín,
la locura pasea sin destino
y hay nubes que reflejan su rostro ensimismado
entre los charcos, entre predicciones
invisibles y huecos ya sonámbulos,

en el barrio de Ballsbridge, en Dublín,
en el barrio de Ballsbridge, en Dublín,
donde todas las almas se desnudan,
en el barrio de Ballsbridge, en Dublín.

V

—   Pero Karen,
    ¿Qué pasa con ese chico?
    ¿No será que a ti te asusta?
—   Que no padre,
    es que se cree que soy yo
    la que me asusto de él.
—   Pero Karen,
    ¿Qué pasa con ese chico?
    ¿No será que a ti te gusta?
—   Que no padre,
    es que creo que está loco,
    pero que es un loco fiel.

VI

En los albores
de algunas calles
del sur de Ballsbridge
hay resplandores
que huyen gritando
desde el silencio.

En los albores
de algunas calles
del sur de Ballsbridge
hay estertores
en el silencio
de las farolas.

VII
EL CRIMEN

Pretendo numerar el dolor, clasificarlo,
cavarlo en zanjas, envasarlo en pequeños botes
con su etiqueta, si, pretendo encauzar un río
y el agua se desborda, se filtra entre mis dedos,
se desata entre instantes que no gobierna nadie,
entre tardes desérticas que malgasto siempre
pensando en cómo pude hallar el dolor tan pronto,
tan de improviso, tan redondo, tanto, si, tanto!
Y regreso de nuevo a aquel hotel en Dublín,
y pregunto otra vez por Karen, si, esa mujer
que trabajó aquí hace ya algunos años, Karen,
esa mujer que desgarró mi corazón frágil
y se lo dio después a un dragón de mil cabezas
para que lo devore durante veinte años,
veinte infinitos años en que la policía
se acerca hasta el hotel y me arrastra, detenido,
insaciable, humillado, contumaz, indefenso,
y me arroja después a cárceles y a hospitales
donde el dolor pasea con la mirada insomne,
a punto de orinarse entre pasillos ausentes,
entre patios repletos de rescoldos de niebla.

«La única forma de evitar
que un preso escape
es que no sepa que está preso»

DOSTOYEVSKI

THE JOY

VIII
FURGÓN POLICIAL

Cuando viajas por hélices risueñas
y parece que Dios te está esposando
a algún crimen opaco en el que sueñas
que viertes un mal grito respirando...

Cuando viajas por rostros que el olvido
enciende con collares de penumbra
y parece que Dios ha recorrido
por ti lugares que la sed alumbra...

Cuando viajas y el viento no responde
como querías a preguntas mudas
que van reptando sin saber adónde...

Cuando viajas por brújulas desnudas
que chillan que lo único que esconde
el viento son tus crímenes, tus dudas...

IX

En Mountjoy Prison
la luz está condenada a masturbarse,
los recuerdos piden a gritos esconderse
y no hay clemencia para la claridad que baila desnuda entre
charcos de odio.
Solo hay miradas parapléjicas que reptan como pueden
entre hemiciclos estancos.

Yo lo hice. Yo arranqué los ojos a los muros para que no
vieran la rutina goteando.
Pero sigue dando igual porque ser inocente es delito entre
los patios, entre rejas que no rezuman niebla, entre puertas
que hacen retumbar su orfandad alrededor de pabellones
insomnes, alrededor de muchedumbres de insectos que
murmuran horizontes malditos…

X
EL PATIO

El jurado de la calle es uno de los más exigentes que existen.
Todos me contemplan estáticos.
El de más autoridad pregunta sin dudar:
- ¿La besaste? ¿la tocaste?
- No.
- ¿Entonces...?
- Ella me quiere.
- ¿Qué dices? ¿Dices que... te quiere?
La sorna de su boca desigual retumbó entre los cuatro muros.
Yo vago en mi mirada abandonada, entre mariposas invisibles.
Comienzo a no entender nada.
Esos momentos bailan una danza maldita
de repente
que no se ha detenido desde entonces.
Mi cabeza
desde entonces
está llena de música imposible.
&&&&&
Entre el abanico errático de cicatrices encuentro alguien
que habla español:
- Oye, aquí si te llevas mal con alguien puede que te
lleves una paliza ¿no?

- Eso si tienes suerte. Lo normal es que te rajen la cara o te abran el abdomen.

Me acaricio la cabeza con las manos. Contemplo el cielo con mirada perdida.

&&&&&

Converso con un hombre recio con el que coincido en una celda:

- … parece usted un buen hombre.
- ¿qué quieres decir?
- Que pareces un hombre bueno, bondadoso.

El hombre da unos pasos… comienza a sollozar…

XI

Los patios son solo patios.
Las celdas solo son celdas.
La cárcel ya solo es cárcel,
pero sigo estando aquí.
Y los segundos transcurren
siempre, indefectiblemente,
atravesando compuertas
estancas y protocolos
que solo envasan la niebla
de las praderas de Irlanda.
¿Qué habría dicho Joyce, ímprobo
testigo de acantilados,
de su devoto discípulo
ahora que va arrastrándose
por puertas interminables?
Huele a calcetín frustrado,
a sueño untado de mugre,
a hueco de animal sórdido,
a ojal de miedo enquistado,
a ocaso casi indeleble.

XII
CODDLE

Para mí, Dublín nunca fue...
Dublín nunca fue una ciudad:
es un día que nunca acaba
y una noche que siempre empieza.

Casi henchido de incertidumbre
devoro mi porción de coddle
mientras esta celda me abraza
y me evade hacia un laberinto
de calles que se van cayendo.

Hay gritos desde el otro lado
del muro que hay tardes que ignoro
como si a veces fueran míos.

XIII

Dublín
es un funesto piélago de recuerdos romos,
un jardín de redobles instados por la brisa,
un ritmo de gaviotas con las alas cortadas
que rezuman brillando entre el sudor de la niebla.
Dublín
es un no quiero untado con alquitrán y plumas,
un ladrido de risa desdentada entre muros,
un paisaje de inercias cojas que se despeñan
proclamando que el reino de lo espurio no acaba.

XIV
ÍNTIMA CONFESIÓN EN UNA CELDA

He caminado entre jirones lívidos
de esperanza que grita alucinada,

he caminado entre resquicios ávidos
de cariño que vagan casi insomnes,

he caminado y sigo caminando
por lagos de beldad e incertidumbre…

XV
VISITA

Padre, ¿por qué te quedas en silencio?
Por favor, dile a Karen que me saque
de aquí. Me cansan estos corredores.
Hay insectos en todas las ciudades.
Padre, no llores por tu hormiga blanca.
La vida no ha tenido ya remedio.

XVI
PRISON GOVERNOR

– Governor, ¿sabe usted por qué los acantilados gimen? ¿por qué van descalzas las hormigas? ¿por qué hay vestigios de muros inasibles que se quiebran cada vez que un poema queda sin escribirse? Cada vez que una balsa sobrevive a un temporal? Cada vez que un niño fallece sin contemplar antes el mar? Sin notar antes que el tiempo es una remota esponja de signos que se estremecen? ¿sabe usted que la libertad es ciega (como el peinado de la lluvia) y sorda (como los escrúpulos de un incendio) y muda (como la mueca pálida del miedo) y aun así todo el mundo la añora? ¿sabe usted que no puede castigarse a alguien que no sabe de lo que le acusan? Que no entiende el porqué de la nieve, ni el origen del ocaso, ni la multitud de estar sin compañía?

– Lo siento. He consultado acerca de su caso y debe permanecer aquí por el momento.

– Ni de broma. Sáqueme ahora mismo.

– Guardias, llévenselo a la unidad médica.

– ¡Está loco, Governor! ¡No sabe lo que hace! ¡Estáis todos locos!

XVII
BROWN BREAD

– Sergio, mira a ver si puedes hacerme un favor: ahora que están las celdas abiertas acércate al fondo del pasillo, donde se encuentra el «officer», y pídele que te rellene este vaso con lejía. Al principio te dirá que no, pero tú insístele. Y luego lo traes para acá.

…

– Aquí lo tienes.
– ¿Sabes qué voy a hacer con él?
– No.

Mis compañeros de celda se miran entre ellos.

– Bueno… lo tiraremos por el váter… por ahora.

XVIII
THE PADDED CELL

El tacto es adusto. Azul. El azul adusto del cielo o el mar. Mi rostro se posa en el azul tacto adusto de las cosas que no comprendo. Y pretendo relajarme. Hacen falta lustros para que descanse. De cuclillas devoro algunas viandas que me traen. Pasan las horas. Más tarde me masturbo a escondidas. La cámara me delata. Me observan. No me importa mostrarles mi desesperación. Ellos se ríen con susurros que es difícil descifrar.

XIX

Cúlpame por las cosas que no hago,
por las tardes porosas que no digo,
cúlpame por no ser el enemigo
de lo que ocurre en este mundo aciago.

Cúlpame por no imaginar un lago
donde pudieras hoy huir conmigo,
cúlpame por no ser el gran amigo
de todo lo que enciendo y lo que apago.

Soy culpable de todo lo que toco,
de todo lo que grita mi silencio,
de eso infantil que abrazo como a un loco,

la culpa es mía: Nunca diferencio
el bien que me desangra poco a poco
de la herida mortal que reverencio.

XX

Yo estuve en Mountjoy Prison.
Cometí el crimen más atroz de todos:
La falta de coherencia.
No salí indemne:
Me persiguen aún las barandillas inmóviles, la desértica amplitud de los muros, los oasis vacíos del alma.
A menudo paseo todavía por pasillos donde la nada enloquece, manchada con harapos que bailan en ebria desazón de siglos despiadados. La rutina vomita por rincones que no saben qué decir. El caos se aburre entre celdas que no se traducen. De vez en cuando hay oficiales que te recomiendan beber leche oscura de edificios sin conciencia. Hay algunos que ríen porque no saben qué hacer con los dientes.
Nadie lo dice, pero todos incendian su propia imprecación bordada con suspiros que inhalan llamas sin viento.
Yo he tenido suerte:
He sobrevivido cuando sobrevivir no tenía sentido.
Buscaba alguien que pudiera descifrar la jungla, mientras los caimanes me devoraban las piernas del tiempo.
La vida no tiene sordina después de haber estado en Mountjoy Prison.
Escribiendo me digo a mí mismo qué puedo hacer ahora, mientras Dios se fuma un habano y me echa el humo a través de las rejas que aún se dibujan en mi conciencia.

XXI
THE JOY

Hay gente que se alegra cuando van a la cárcel.

Piensan: «Mi amor me sacará de aquí.
Me he atrevido a ingresar aquí
para demostrarle mi amor.
Ella me lo agradecerá.
Nadie la quiere más que yo.
Todo el mundo ya se da cuenta.
Estaremos ya juntos para siempre».

Pero más tarde, cuando al fin salen de la cárcel
ya no saben qué pensar.

XXII

- ¡Padre, tú sabes dónde me han llevado!
- Hay cucarachas en los cánticos de tu almohada.
- Padre, ¿cómo podré limpiar mi nombre?
- Hay siempre una espiral donde nunca pasa nada.
- Padre, ¿ves lo que me han arrebatado?
- Hay multitud de esquinas negras en tu mirada.
- Padre, ¿cómo podré ser ahora un hombre?

I remember when I lost my mind
There was something so pleasant about that place
Even your emotions have an echo in so much space

And when you're out there, without care
Yeah, I was out of touch
But it wasn't because I didn't know enough
I just knew too much.

«CRAZY»
GNARLS BARKLEY

DUNDRUM

XXIII

Al salir de la cárcel nunca hay nada,
mas que volver a entrar dentro de poco
si estás lo suficientemente loco
como para oír sed en tu mirada.

Al salir de la cárcel la explanada
que veo no responde a lo que toco
porque acaricio la inquietud de un loco
que ve una multitud donde no hay nada.

Al salir de la cárcel me detengo
y se detiene un cántico conmigo,
una voz que se irá hacia donde vengo.

Al salir de la cárcel soy testigo
de la enfermedad lúcida que tengo:
tú eres mi fiel rival y yo tu amigo.

XXIV
ORFANDAD PSÍQUICA

Madre, ¿por qué ya nunca me has querido?

Nuestros crímenes hacen el amor
en una habitación de algún hotel
donde nadie se atreve a imaginarse.

Las palabras que no nos desnudaron
viajan ahora casi degolladas
en trenes donde no se abriga nadie.

XXV
CONSULTA MÉDICA

¿No comprende usted que es un sinsentido?
¿Querer ir a la cárcel para nada?
Tiene usted un aullido en la mirada
y en su expresión hay demasiado ruido.

Cálmese, de verdad, que yo le cuido:
Ir a prisión no soluciona nada.
Ya, es que hay en su interior alguien que horada
la raíz de ese árbol que ha erigido.

No hay quicios en las puertas de su mente.
Su paisaje se inunda poco a poco.
Piense usted como el resto de la gente,

piense: «no soy la bestia que desboco
y que vence a mi espíritu valiente.
No bailaré esa danza, no estoy loco».

XXVI
EROTOMANÍA

«No puedo dejar de volver a la cárcel.
Eso es lo que todo el mundo espera de mí.
Ella espera que yo vaya allí.
Así le probaré mi amor.
Ella me sacará de allí.
No he cometido ningún crimen.
Todo el mundo lo sabe».
&&&&&
¿Para qué quieres ir a ese hotel?
¿para qué insistes si ya sabes
que vas a volver a la cárcel?
Busco a alguien que pueda darme
alguna información de Karen.

XXVII
SHE MUST BE SOME WOMAN

Buenas tardes, Sergio. Soy el inspector Byrne, de la Comisaría de Policía de Ballsbridge. Ha llegado usted hoy mismo a Irlanda, ¿verdad? Como ya habrá comprobado no es bienvenido en el hotel que ha visitado esta mañana. Me he informado acerca de su caso. No es la primera vez que va usted a ese hotel, preguntando... por una mujer ¿no es así? Verá, la situación es la siguiente: no ha cometido usted ninguna ofensa, yo estoy dispuesto a dejarle marchar. Eso sí, me tiene que asegurar que no volverá a dicho hotel. Como veo que su intención es la de regresar allí si quedara libre, me veo obligado a ponerle a disposición judicial. Pasará esta noche aquí, en dependencias policiales, y mañana hablará con el juez. Como no tiene domicilio establecido en Irlanda lo más probable es que ingrese en prisión hasta que cambie de parecer. Le deseo lo mejor. Buenas tardes.

XXVIII

Dicen que nos trasladan a Dundrum.
Allí estaremos bien:
hay piscina.

XXIX

En Dundrum cualquier cosa que tú hagas ya no importa:
Ya no eres prisionero, sino solo un paciente.
Los días ya transcurren muy lejos, mansamente.
En Dundrum respiramos lo que la calma aborta.

El patio nos observa con una risa corta,
hay látigos de música que gimen de frente,
los pasos se retuercen, licuando entre la gente
crímenes sin perfil que el paisaje no soporta.

Los diagnósticos rezan una oración distinta
a todo lo que has visto más tarde entre las cosas,
a todo lo que calla tu soledad encinta.

Los médicos no paran de incendiar mariposas
desde aquel otro lado de tu bondad sucinta,
desde aquel otro incesto fugaz donde reposas.

XXX
CONSULTA MÉDICA

Sergio, llevas aquí ya varios meses.
Y recluido en varias ocasiones.
Tu periplo es un texto sin palabras.
¿Acaso te ha llamado esa mujer?
¿Te ha escrito? Pero, ¿sabes algo de ella?
¿Por qué insistes en algo que te excede?
Eres víctima de tu enfermedad.
Nosotros no podemos hacer nada.
Nosotros somos llamas inasibles.
Esta celda se inhala poco a poco.
Hay un ritmo que gime en la distancia.
Los rostros se diluyen en diagnósticos
que permutan la calma por la cólera
entre grageas de inquietud insomne.
Las oquedades no respiran nunca
pero hay instantes casi acomplejados
que esparcen nuestras fobias de piel sobria
por surcos donde el corazón amaina.
¿Qué harás ya, Sergio, con tu pobre vida
mas que un libro de versos imposibles?

XXXI

Cuando estás maniatado en una celda
golpeando la puerta con los pies
hasta las cuatro de la madrugada
jurando y perjurando que estás cuerdo
y nadie te hace caso, nadie dice
lo que tienes que hacer para ser alguien.

XXXII
DUNDRUM, HERE I COME

RTE resuena en la televisión de una sala:

«Díganos, en el momento en que le informaron de que su hermano había propinado ciento cinco puñaladas a su madre... ¿Qué sintió? Pero espere, no nos diga nada aún, pasemos a publicidad».

XXXIII

Lleva usted una temporada ya aquí enclaustrado.
Bien, vamos a dejarle salir del edificio:
el primer día, diez minutos. Si no regresa
a aquel hotel podremos aumentar lentamente
el tiempo de salida. Por fin va comprendiendo.

XXXIV
OBITUARIO EN PRENSA DE BALLSBRIDGE

Dos individuos frente al féretro:
Uno de ellos: – No somos nada.
El otro: – Nosotros tampoco, pero oímos que daban
café.

XXXV

Las sirenas se aderezan los cabellos con tardes lluviosas. Llevan joyas imaginadas en los anales del tiempo. Nadan desnudas buscando hogares en que poder vestirse con harapos que la injusticia borda. Sus ojos de colores parpadean iluminando la soledad. Sus perentorios cánticos rasgan el conticinio de los sueños que se diluyen entre los muelles de la bahía.

Un individuo camina en pijama por las calles de Ballsbridge. Llueve. Cruza un paso a nivel. Sabe adónde se dirige. Deja atrás una iglesia. Nadie repara en él. Se acerca a la entrada de un hotel. Cruza el patio de entrada. Llama a la puerta. Una mujer lo recibe. Ambos se quedan inmóviles, en silencio. Bandadas de sirenas comienzan a escucharse en la distancia.

XXXVI
DUNDRUM, HERE I COME

Perdona. Cuando te propiné ciento cinco puñaladas, en verdad no quería hacerlo. Lo siento.

XXXVII

Si pienso que la quiero estoy enfermo,
si pienso en olvidarla no hay salida,
pienso que es una broma ya la vida,
una broma en que sueño y no me duermo,

de amor sueño un pasado casi yermo,
de amor se deshilacha ya mi vida:
quiere y no quiere mi ansia corrompida,
grita hasta el fin mi resplandor enfermo.

Doctor, haga una rueca de estos años,
bordemos juntos un altar que extienda
como rezos mis dulces desengaños.

Doctor, tejamos juntos mi contienda,
subamos a mi escala sin peldaños,
ruegue por que al fin alguien me comprenda.

XXXVIII

Doctor,

que no sabes
que no quieres
que no puedes
que solo hay niebla alrededor
imaginando que estás vivo.

XXXIX

Nos hallamos tan próximos al grito
que gritar es tan solo ya una excusa
porque gritar es de alguien que rehúsa
conocer si el delito ya ha prescrito.

Nos hallamos tan cerca de lo escrito
que toda nuestra musa está confusa,
todo lo que gritamos nos acusa
de que lo que escribimos no es bonito.

Gritar y escribir no es literatura,
escribir y gritar no siempre es bello:
solo es deshojar nuestra rosa oscura.

Soy tan propenso a desvestir el cuello
de tu voz y a besar su curva impura
que grito hasta quedarme sin resuello.

XL

Dejo que mi obsesión se nos diluya
entre la sombra blanca de mis dedos,
entre la inmadurez de mis enredos,
entre mi espera, que es a veces tuya.

Dejo que mi esperanza se destruya
entre los feos días de mis credos,
entre las noches bellas de mis miedos,
entre mi estrofa, que es a veces tuya.

A veces mi esperanza rutilante
grita y mi obsesión corre y se abalanza
con la expresión candente de un amante,

a veces mi obsesión y mi esperanza
escogen mirar solo hacia adelante
sin recordar su perentoria danza.

XLI

Doctor,
No quiero continuar en la abadía del aire:
Solo estoy aquí para descifrar,
para intentar desentrañar
la fría melodía que retumba
entre el eterno simulacro de lo que importa.

XLII

- Los médicos estamos aquí para ayudarle.
- Entonces, ¿por qué no me dais el alta?
- Hay surcos transparentes que flanquean el tiempo.
- ¿Qué?
- … y centauros que gobiernan sobre los charcos de conciencia que no se secan durante el verano.
- Pero, ¿eso qué quiere decir?
- Que las cosas susurran su impostura desnudas ante la niebla de los siglos que van transcurriendo.
- ¿Y qué?
- Y nosotros solo podemos exigir que ruja el viento en el desierto de las cosas.
- Ya. Ahora ya lo entiendo.

XLIII

¿Me he curado al final de tu destino,
de tu sombra y tu voz y tu sombría
forma de descifrar la lejanía,
la sórdida espiral que difumino?

¿Me he curado al final del torbellino
que arrugaba mi voz y que crujía
como algún exorcismo en la abadía
donde rezo mi surco clandestino?

Al tétrico brocal de estar enfermo,
al páramo invernal de esta dolencia
me asomo... pero continúa yermo

el manantial pueril de mi inocencia,
las excusas escasas donde duermo,
el onírico altar de mi conciencia.

XLIV

Doctor,
¿Soy
Un criminal que estuvo enamorado?
¿Un loco que perpetra sus poemas?
¿Un vacío vagando entre la niebla?

XLV

Karen, qué vacío
este
de no conocerte.

XLVI

Doctor,
el frío es como el sentimiento:
penetra en los cimientos de las cosas
y las convierte en ángulos obtusos,
las tiñe con su halo de dura irrealidad,
combada,
insondable...
Esta... es tierra transida de sentimiento,
aquí tuvo lugar la vida de Sergio,
ese que siempre habla junto a mí.

XLVII

Sergio, no puedes continuar así:
Ingresas. Te recuperas. Buscas trabajo. Cuando parece que
te vas consolidando te vas a Irlanda. Te detienen. Ingresas.
Vuelves a casa. Te recuperas. Cuando parece que vuelves a
sonreír ingresas de nuevo…
Nadie es capaz de soportar ese ritmo durante mucho
tiempo.
Tienes que plantearte qué quieres hacer con tu vida.

XLVIII

Las cosas continúan existiendo,
da igual lo que pensemos sobre ellas.
Da igual el firmamento y las estrellas
si no podemos continuar viviendo.

Qué inútil crimen, qué final horrendo
el del aire que sigues y atropellas
con mi voz si al final tus breves huellas
no se notan en este frío estruendo.

Las cosas continúan a su paso
por el borde que engarza un recorrido
entre el éxito craso y el fracaso.

Qué inútil crimen hemos cometido
al creer que esta voz otorga acaso
derechos sobre aquellos que se han ido.

XLIX

Ahora ya
Karen y yo
compartimos
ausencia.

L

Karen fue
beber y beber agua hasta terminar borracho,
Karen fue
la línea que separa la música del aire,
la nevada que asola ciudades casi enteras,
Karen fue
la luz en una foto mal captada,
la pátina que exhiben los ahogados,
el palacio que cae cuando se estrena.

LI
KAREN O LA VIDA

El reloj aún gime
a través del salón
hacia aquella ventana,
hasta el fin del paisaje.

Frágiles como nubes
han pasado los años
y uno al fin se pregunta
que pude ver en ella.

LII

Hay un esfuerzo que no deja ya de ser nadie,
que tiende hacia un paisaje de lúcidos rincones,
de charcos sedentarios, de parques de hojas lánguidas
por donde en ocasiones paseo sin sordina,
sin alma y sin vergüenza, caminando aún como
lo haría algún anciano carente de recuerdos,
de cicatrices ya que afecten su corazón,
su pequeña maleta de estancias y preguntas
que se perderá algún día de nubes inhóspitas.

LIII

Deambulo por un sendero
sin sombras y sin raíces
que se va deshilachando,
como todo eso invisible
que susurra lo que olvido
bajo un mar de cicatrices.

LIV
EUTIMIA

Lo que pudo haber sido y nunca fue
me observa estático al final del día,
me da una errática palmada fría
en la espalda, ya ves, no sé por qué...

Quizás es porque nunca vislumbré
lo que la vida a veces me ofrecía,
lo que la noche al fin oculta al día
cándido de las cosas que ignoré...

Pero ya es tarde para arrepentirse,
para desentrañar lo acontecido,
para decir adiós después de irse...

Solo espero vivir con lo que olvido,
clausurar lo que nunca debió abrirse,
disfrutar de un ocaso desabrido.

EPÍLOGO

LV

Es pronto por la mañana.
El cielo resplandece.
Hemos abierto las ventanas de nuestra casa.
Se desvanecen esos recuerdos de la noche.

Yo la quería...
pero ahora
ya es otro día.

LVI

Creo que me ocurrió lo que tuvo que ocurrirme
porque estaba llamado a escribir estos poemas.

Sin mi deseo previo de escribir
nada de esto me habría ocurrido:

El poema
quizás sea
comunión.

LVII

Comulgo
con todo lo que he hecho
hasta ahora.

Lo volvería a hacer.

Desde mi ventana
el alba se asemeja
a la catedral del mundo.

ÍNDICE

DUNDRUM

EPÍLOGO